RÉFUTATION GÉNÉRALE

DU SOCIALISME

PAR L'ANALYSE ET LE RAISONNEMENT

PAR GANDON

ouvrier cordonnier.

BATIGNOLLES.

DÉPOT CHEZ L'AUTEUR, RUE DU PORT-SAINT-OUEN, 8.

—

1849

Imprimerie de Hennuyer et Cᵉ, rue Lemercier, 24. Batignolles.

REFUTATION GÉNÉRALE
DU SOCIALISME
PAR L'ANALYSE ET LE RAISONNEMENT.

⸺◦◦◦◦⸺

DU PROUDHONISME.

M. Proudhon, ne se rendant aucun compte du principe nécessaire de la rente, n'y voit qu'un fait de l'égoïsme et de la cupidité des hommes ; fait qui, selon l'école proudhonienne, après avoir été consacré par les institutions, est devenu pour les travailleurs une cause d'esclavage et d'oppression.

Détruire la rente et établir la gratuité du crédit serait, d'après la nouvelle école, le terme le plus parfait de l'ordre social.

Aussi tout le monde sait avec quelle ardeur passionnée les proudhoniens propagèrent leur doctrine. Il est fâcheux qu'un si grand zèle n'ait produit que des fruits d'agitation. La cause de cette impuissance à faire le bien vient de ce que leur principe ne peut avoir de système d'application ; un simple examen suffit pour convaincre le sens commun que ce principe est la plus impraticable des utopies !

Non-seulement le proudhonisme manque en tous points de moyens de réalisation, mais il n'a même pas raisonné les fatales conséquences qui résulteraient de sa doctrine, en supposant qu'il puisse un instant s'imposer à la société.

M. Proudhon, cherchant un remède au malaise qui se fait sentir dans le commerce et l'industrie, s'est fait ce raisonnement :

« La rente, en cumulant et concentrant le capital entre les mains d'un petit nombre d'individus, leur permet, quand ils veulent le retirer de la circulation, de paralyser le commerce, d'entraver l'industrie, et de suspendre tous les travaux.

« Ainsi une faible minorité d'hommes peut, à son gré, condamner la majorité à mourir de faim. Il suffirait donc, pour faire disparaître ce mal, d'instituer la gratuité du crédit, laquelle donnerait à l'ouvrier le droit de posséder intégralement le fruit de ses œuvres, et amènerait naturellement entre tous les produits un mutuel échange qui ranimerait la circulation et la vie dans le monde commercial et industriel. »

Cette théorie qui, en apparence, ne manque pas de bonnes intentions et d'idées étendues, ne saurait cependant se soutenir devant la plus légère critique.

Raisonnons :

La rente, dites-vous, est un abus funeste. Mais ne voyez-vous pas que le remède que vous proposez pour sortir de cet abus devient lui-même une cause de mal et d'impuissance absolue? En effet, remarquez que le moyen que vous croyez propre à rendre le mouvement au capital, est précisément le motif qui le ferait fuir et tomber dans une inertie inévitable.

Quel est le mobile de la circulation du capital? N'est-ce pas l'intérêt? — N'est-ce pas en vue de retirer une rente de son argent que le rentier le prête à l'entrepreneur? N'est-ce pas pour recueillir un loyer de sa maison, que le propriétaire fait bâtir? Enfin, n'est-ce pas dans l'espérance de faire des bénéfices que le capitaliste fait rouler ses fonds, et que le commerçant achète des marchandises, et porte ainsi son numéraire sur tous les points du globe?

Supprimez la rente du prêt et les bénéfices des spéculations, et vous verrez le rentier enfouir son argent, le propriétaire ne faisant plus bâtir, le possesseur de terre ne louant plus son champ ou ne le faisant plus cultiver, et l'entrepreneur et le commerçant rester dans l'inaction.

L'industrie est malade, et, sous prétexte de lui rendre la santé, vous la tuez sans ressource en brisant l'intérêt, ce seul moteur du mouvement industriel.

Passons à l'examen des billets d'échange.

M. Proudhon, ne se contentant pas de proclamer l'abolition de la rente, voulait encore anéantir la puissance du capital métallique; pour cela, ce n'était pas bien difficile, il suffisait de créer des billets d'échange en raison de la valeur des meubles et immeubles qui forment la richesse du pays.

Que serait-il arrivé avec ce système ? Rien moins qu'une perturbation universelle dans toutes les fortunes, depuis les plus grandes jusqu'aux plus petites.

En effet, la nécessité d'émettre des billets d'échange ne se fait pas sentir en raison de l'augmentation de la production, mais bien par rapport à la retraite du capital.

Or, comme nous l'avons vu, la rente étant abolie, personne n'aurait plus d'intérêt à rendre à la circulation son papier-monnaie.

Par exemple, l'ouvrier qui gagnerait 1,000 francs par an, et qui n'en dépenserait que 500, mettrait donc tous les ans 500 francs dans son coffre, et il en serait de même de tous ceux qui feraient des économies.

Conséquemment il arriverait qu'au bout d'un certain temps, le numéraire disparaîtrait de la société, et forcerait l'Etat ou les échangistes à faire une nouvelle émission de billets, qui, se renouvelant périodiquement, tomberaient dans un fatal avilissement. De manière qu'après une longue carrière de labeur, arrivant au moment de jouir de ses épargnes, l'ouvrier se trouverait complétement ruiné, sans jamais avoir couru les chances d'aucun bénéfice.

Que l'on ne vienne pas objecter que ces billets gagnés par la jeunesse active seraient dépensés par la vieillesse se livrant au repos ; ce serait supposer que le vieillard devra mourir juste en arrivant au terme de ses moyens pécuniers.

D'ailleurs, cette hypothèse est combattue par M. Chevé, l'un des rédacteurs du journal de M. Proudhon ; il a démontré, dans son Dialogue des Paysans, que sous le régime de la gratuité du crédit, l'ouvrier pourrait faire des épargnes pour vivre au moins deux cents ans. Or, il n'est pas probable que celui qui s'est habitué à une vie régulière veuille, dans la dernière période de sa carrière, faire des excès pernicieux, afin de se rendre utile à la société.

D'un autre côté, on s'appuierait vainement sur la prodigalité et la dissipation des individus, consommant au jour le jour ce qu'ils auraient produit, et rendant ainsi leur capital à la circulation ; car ce serait affirmer que ces individus n'offriraient plus aucune garantie à la gratuité du crédit, et s'en rendraient tout à fait indignes.

Le projet de la Banque du Peuple, conçu pour faciliter la gratuité du crédit et le mutuel échange, n'est pas plus sensé que ce que nous venons de voir.

Jamais une société, quelle qu'elle soit, ne pourra forcer personne à prêter son capital ou ses instruments de travail pour rien. L'État peut décréter que l'intérêt est aboli, mais il ne peut ordonner que celui qui a quelque chose doive le mettre gratuitement à la disposition du premier venu.

Un individu est parfaitement libre de prêter 100 francs à un de ses amis et de lui faire généreusement cadeau des 5 francs de rente reconnus par la loi, mais jamais on ne pourrait le forcer, sans violer sa propriété, de faire des avances désintéressées à cet ami.

Du reste, en forçant l'homme à prêter malgré lui, on détruit le mérite qu'il y a à faire librement cette action.

La gratuité du crédit ne peut donc être qu'un fait purement moral, et non jamais un fait légal.

Par conséquent, dans la supposition que cette Banque se soutiendrait, ce ne serait toujours que par un concours d'hommes fraternels et dévoués ; dans ce cas, son succès ne pourrait être attribué à une habile combinaison financière, puisque les pertes éprouvées par les prêteurs ne doivent trouver de compensations dans aucuns bénéfices du prêt.

D'après ceci, il est impossible que la Banque du Peuple ait d'autres bases que l'abnégation ou un ordre moral parfait : mais, du moment qu'elle a besoin, pour son existence, de ce caractère de moralité, elle sort tout à fait du proudhonisme, car M. Proudhon n'a pas la prétention d'être un moraliste ; pour lui, la satisfaction des appétits matériels est tout.

Arrivons au mutuel échange.

Trois causes principales rendent impossible l'échange immédiat entre le producteur et le consommateur.

La première repose sur la diversité des produits des différents pays du monde. On doit comprendre que personne en particulier ne pourrait aller chercher, à trois ou quatre mille lieues d'ici, les denrées qui lui conviennent ; il faut nécessairement que des Compagnies se chargent spécialement de cette tâche.

La deuxième a sa source dans la disproportion de la valeur des objets : comment, par exemple, est-il possible qu'un propriétaire change un morceau de sa maison contre un boisseau de pommes de terre, et qu'un fabricant d'allumettes chimiques troque sa marchandise contre celle d'un orfévre ?

La troisième tient à la contradiction qui existe entre les professions et les besoins domestiques.

N'est-il pas certain que le chiffonnier trouverait difficilement à échanger ses chiffons pour des confitures, et que le dentiste serait très-embarrassé, si le corroyeur payait l'extraction de ses dents avec des peaux ?

Ces difficultés ne peuvent être résolues que par le commerce, l'intermédiaire indispensable entre la production et la consommation.

Le commerce, voilà le réservoir universel de tous les produits, où chacun apporte le fruit de son industrie, et vient y puiser en échange ce dont il a besoin.

Or, si le commerce n'est pas entravé dans son action, on verra bientôt, malgré le principe proudhonien, s'établir le monopole, les accaparements, et la centralisation de tous les éléments de la vie qui sont indispensables à l'homme permettra à l'habile commerçant de faire une fortune rapide.

D'un autre côté, la gratuité du crédit ne pouvant, comme nous l'avons vu, être obligatoire, celui qui prêtera sera toujours à même, en éludant la loi, d'exiger qu'on lui rende plus qu'il n'aura prêté.

Autre objection : les personnes qui n'auraient point de garantie matérielle, pour qu'on leur fît des avances, seraient sans doute obligées, faute de moyens d'existence, d'offrir leurs bras à ceux qui pourraient les occuper.

La responsabilité d'un établissement, les risques ou les chances de pertes à courir, les éventualités d'une vaste entreprise, donnent un droit à l'entrepreneur de prélever un tribut sur le travail de ceux qu'il occupe. Voilà donc encore ici le capital procurant le moyen de s'enrichir ; et c'est par cette raison, et par celle qui précède, qu'il acquiert une valeur de plus que sa valeur intrinsèque.

Tant que le commerce et l'exploitation sont nécessaires, l'argent, se trouvant le véhicule des spéculations avantageuses, équivaut à un instrument actif de bien-être, et c'est sur son utilité indéfinie que se trouve basé le principe relatif de la rente.

En dehors du commerce et de l'industrie, ce principe a encore des racines dans l'ordre social antique.

A l'origine des sociétés, à l'époque où le travail était pénible et peu fructueux, si chaque individu avait été réduit à ses propres ressources, tous se seraient trouvés également impuissants à faire rien de grand, et chacun aurait langui dans une égale misère.

Mais les hommes travaillant sous la domination d'un père, d'un patriarche ou d'un roi, étaient obligés de mettre leur travail, leur activité à la disposition de ceux qui avaient sur eux le droit de l'autorité. Cette activité, cette force de la masse du peuple, concentrée entre les mains d'un individu, constitua l'unité de puissance qui donna essor à la civilisation; sans cela l'humanité serait toujours restée dans la barbarie.

Ainsi, le tribut et la rente payés par l'esclave et l'ouvrier furent aussi nécessaires pour créer la puissance sociale, que l'impôt est indispensable pour former la puissance politique.

Et aujourd'hui, chaque capitaliste ou propriétaire est une force individualisée, se développant au milieu de la force collective et générale personnifiée dans l'Etat.

C'est ainsi que le père est une autorité particulière ayant empire sur sa famille, comme le pouvoir politique est une autorité universelle gouvernant la société.

Revenons aux spéculations commerciales et à l'exploitation de l'homme par l'homme.

Si l'on veut réglementer le commerce et lui ôter sa liberté, afin que personne ne puisse faire des bénéfices en dehors de son propre labeur, il faudra aussi réglementer le travail, l'industrie, et intervenir jusque dans les moindres détails de l'atelier.

Puis, si l'on veut empêcher l'exploitation du capital sur le travail, il faudra encore que l'Etat intervienne entre le patron et l'ouvrier, et s'immisce dans les affaires de l'un et de l'autre, pour que chacun d'eux ait intégralement ce qui lui revient. Mais alors, pour empêcher le patron de gérer son établissement comme il l'entend, le pouvoir se trouvera dans l'obligation de chercher lui-même les débouchés de la vente, pour l'écoulement des marchandises de celui dont il vient gêner les opérations; car enfin, il serait injuste qu'on entravât la liberté d'un fabricant, et que l'on ne se rendît pas solidaire de ses entreprises.

Et même si l'Etat ne veut pas que l'ouvrier soit en aucune façon exploité, et ne meure pas de faim, il faudra qu'il le mette dans la condition de n'être pas forcé d'aller offrir son travail au rabais pour vivre. Mais on ne peut arriver à cette solution que par le droit au travail, et du moment que ce dernier principe est reconnu et appliqué, la gratuité du crédit et la Banque du Peuple deviennent superflues. Car le droit au travail suppose que l'homme a le droit d'exiger les instruments nécessaires à son activité, lesquels deviennent une propriété naturelle et égale pour chacun, ce qui oblige tout à la fois l'Etat d'être producteur et banquier.

D'après ce que nous venons de voir, on peut conclure que le régime proudhonien ne pourrait s'établir qu'en supprimant d'un seul coup toutes les libertés humaines ; autrement la société deviendrait, le lendemain de sa nouvelle institution, ce qu'elle est aujourd'hui.

Le gouvernement de M. Proudhon, agissant d'après le pire des despotismes, tiendrait tous les fils du commerce, de l'industrie et de l'atelier.

Et pour qu'un pareil état de choses pût se soutenir, contrairement aux passions humaines, le pouvoir serait obligé d'instituer un personnel de surveillance en nombre égal à celui des citoyens faisant travailler et prêtant leur capital !

Une telle doctrine n'est-elle pas une de ces aberrations du socialisme qu'on ne peut voir sans peine ?

M. Proudhon, raisonnant à tort et à travers, s'inquiétant fort peu de définir sa pensée, écrivait en tête de son *journal* cette parodie de Sieyès : *Qu'est-ce que le capital ? tout. Que doit-il être ? rien. Qu'est-ce que le travail ? rien. Que doit-il être ? tout.*

Si le capital ne doit rien être, c'est dire que l'on peut créer de rien, et que ce que l'on crée équivaut à rien.

Nous aimons mieux croire que l'auteur de la Banque du Peuple a voulu tout simplement indiquer, dans sa proposition, que la puissance des capitalistes doit disparaître du monde, et que la subordination des travailleurs doit se transformer en droit exclusif des propriétaires ; car il déclare positivement, dans plusieurs numéros de son journal, « que dans le passé le travail allait au-devant du capital, mais que dans l'avenir le capital ira au-devant du travail. » Ces paroles ne signifient rien, si elles ne disent pas qu'on forcera les capitalistes à courir au-devant des travailleurs leur offrir gratuitement leur fortune ; c'est-à-dire que dorénavant le propriétaire deviendra le très-humble serviteur de l'ouvrier.

Le monde est totalement renversé ! Autrefois les prolétaires portaient les fardeaux de la société, bientôt ces fardeaux tomberont de tout leur poids sur ceux qui auront amassé ou hérité de la fortune ; la propriété sera le sceau de la réprobation générale.

M. Proudhon, reconnaissant plus tard dans quelle erreur profonde il était tombé, a déclaré dans son journal du 2 mai : « que les principes sociaux s'éteindraient comme ils étaient nés, si l'on n'avait un système rationnel d'application, qui force les convictions à suivre un nouvel ordre social. »

Or, d'après cette déclaration, M. Proudhon renonce complétement à poursuivre sa doctrine comme quelque chose de sérieux ; ce qui le prouve, c'est l'aveu qu'il a fait aux communistes icariens. Il leur déclara qu'il ne s'occupait pas de système ; qu'il était le postillon du char du progrès, dont il suivait la route sans savoir où il allait.

Mais comme il y a le progrès du mal et le progrès du bien, et qu'on peut aussi bien prendre le chemin de la perdition que celui du salut, l'auteur de la Banque du Peuple avertit implicitement ses partisans de n'avoir pas trop de confiance en lui, de se mettre même en garde contre tout ce qu'il a enseigné jusqu'à ce jour.

D'après cet avis du chef de l'école proudhonienne, et d'après le néant que nous avons rencontré dans ses raisonnements, tout homme prudent doit rejeter sa doctrine comme un rêve creux, qui s'évanouit aussitôt que le réveil vient rendre la lucidité au cerveau.

Les proudhoniens, vaincus sur le terrain qu'ils occupent, ne manqueront pas de se jeter dans les diverses doctrines du socialisme ; mais la continuation de notre critique fera connaître ce que l'on doit penser de ces erreurs nouvelles qui ont agité la société depuis février.

LOUIS BLANC.

La doctrine de M. Louis Blanc se résume dans ces trois principes : droit au travail, association universelle par l'intervention de l'Etat, égalité des salaires.

Examinons cette doctrine.

Suivant le socialisme, tout homme en venant au monde a le droit imprescriptible de vivre : la terre est l'héritage commun de notre espèce, personne ne peut être exclu de la possession égale de cet héritage, que par la violation de son droit naturel.

Jusqu'à présent les socialistes n'ont présenté que deux moyens d'appliquer le droit au travail : soit par la loi agraire, d'après laquelle la terre serait partagée en autant de parties égales qu'il y a de membres de la société ; soit par l'association universelle, où l'Etat serait le producteur et le directeur général des biens sociaux.

Dans le premier principe, la société entière subirait le joug d'une fatale misère, qui résulterait de l'impuissance humaine, causée par la rupture de tous les liens constituant l'unité sociale.

Dans le deuxième, l'Etat serait un despote absolu, et les individus des esclaves d'une telle passivité, qu'ils perdraient jusqu'à la liberté de leurs pensées et de leurs désirs.

Nous ne discuterons pas la loi agraire, chacun est assez éclairé sur les funestes conséquences de son principe. Analysons seulement l'association.

En se faisant l'unique producteur et distributeur de la fortune publique, l'Etat serait, par cette raison, exclusivement chargé de procurer du travail à tous les membres de la société ; plus, il aurait seul, comme nous l'avons dit, la mission d'écouler les produits communs, ou d'en être le gardien responsable.

Mais sous l'empire d'un tel régime les individus perdraient nécessairement toute initiative et toute responsabilité. Ils se rendraient à l'atelier, y rempliraient leur tâche comme des machines, et, n'ayant plus à s'inquiéter de rien, ils vivraient exactement comme les moutons dans un parc.

Logiquement, l'homme qui n'a ni initiative ni responsabilité, ne peut être que nul ou passif.

Nous vous défions, avec votre système, de laisser au travailleur la moindre liberté, car autrement il s'établirait entre lui et l'Etat un antagonisme qui romprait le principe de l'association universelle et amènerait les plus grands désordres.

D'ailleurs, l'Etat garantissant à chacun le droit au travail, il faut qu'à son tour chacun donne à l'Etat des garanties d'obéissance passive ; sans cela la société manquerait de convergence et d'unité, et cette société, au lieu d'être un troupeau d'esclaves fonctionnant sous la verge du maître, ne serait qu'un véritable gâchis d'hommes ne reconnaissant d'autre guide que leur fantaisie et d'autre autorité que leurs passions.

Du reste, ces deux extrémités du socialisme de Louis Blanc ressortent évidemment de l'application contraire de cette proposition : « Produire selon ses facultés, consommer selon ses besoins. »

Sans examiner ici si la puissance créatrice de l'homme peut le satisfaire en tous points, nous soutenons qu'il n'y a pas de mesure pour mesurer nos facultés indéfinies, ni de poids pour peser nos besoins infinis.

Il faut donc : ou que l'Etat détermine lui-même la tâche de travail que chacun devra remplir et la part de bien qu'il devra consommer, — et voilà l'esclavage ;

Ou il faut que tout homme, quel qu'il soit, soit libre de travailler selon son idée et d'user de tous les plaisirs possibles, sans autre règle que ses désirs, — et voilà l'anarchie.

Poursuivons : tout ce qui forme la totalité des professions intellectuelles, artistiques et manuelles, se partage en deux classes bien distinctes : les professions pénibles et répugnantes, les professions élevées et attrayantes.

Lorsque l'individu sera appelé à embrasser une vocation, comme l'Etat sera obligé de lui donner de l'ouvrage quand même, il prendra tout naturellement celle qui offre le plus d'attrait.

Chacun ayant ainsi la faculté de choisir sa profession, il arrivera que les travaux pénibles seront désertés, pendant que les vocations attrayantes regorgeront de bras superflus.

C'est en vain qu'on objectera que la diversité des goûts et des aptitudes distribuera elle-même les professions. Nous nions que cela puisse se faire. A-t-on jamais vu un ministre devenir volontairement cordonnier, ou travailler par goût dans une usine de colle de Flandre? Non. Donc l'objection tombe d'elle-même.

Aujourd'hui l'ouvrier, par son éducation et sa position, ne peut choisir sa vocation que dans les professions manuelles, et encore très-souvent son choix n'est-il déterminé que par l'intérêt; sans compter tous les travaux qui se font plutôt par nécessité que par goût.

Détruisez l'intérêt et la nécessité, et tout le monde voudra être artiste, prêtre, géographe, etc., etc.

Ceci n'est pas douteux, car ces professions seraient d'autant plus faciles à remplir qu'on ne pourrait exiger de personne ni habileté, ni intelligence, puisque l'égalité de salaire méconnaît le talent et le savoir.

Sans doute vous allez dire que vous établirez un concours de capacité pour l'admission aux fonctions et emplois attrayants ; mais ne voyez-vous pas que concourir pour être mieux que son rival, c'est faire de l'inégalité et par cela même nier votre système ?

En effet, en concourant, vous donnez aux professions agréables un caractère de récompense, tandis que celles qui n'ont point d'attrait seraient regardées comme châtiment.

Dès lors, on verrait les hommes inférieurs en talent établir, par inversion aux professions attrayantes, un concours de mauvaise volonté, afin de se faire repousser des métiers répugnants. Forcerez-vous ces hommes à travailler ? Ce serait de l'injustice ; voici pourquoi :

On peut affirmer que tant que l'émulation est nécessaire, c'est qu'elle est le signe certain qu'il y a dans la société des peines à vaincre.

Or, n'est-il pas illogique de prétendre satisfaire tous les besoins, pendant qu'on forcerait des individus à se livrer à un travail contraire à leur goût?

Vous qui prétendez changer la société d'après les mathématiques d'une rigoureuse égalité, faites donc que tout dans la nature soit identique, les hommes et les choses, et surtout faites que cette identité ne nuise en rien au développement complexe de l'humanité.

L'égalité, telle que vous l'entendez, ne se borne pas à donner la même éducation physique et intellectuelle aux enfants, mais elle veut encore qu'ils soient tous élevés dans les mêmes conditions de bien-être.

Alors, suivant ce que vous voulez, on ne verrait plus ces grandes disproportions de force et de faiblesse qui se distinguent dans l'intelligence, ni ces énormes différences de grossièreté et de délicatesse que l'on remarque dans les tempéraments, car vous affirmez que l'homme n'est que ce que la société le fait.

Or, en supposant qu'on puisse faire disparaître ces disproportions, ces différences, nécessaires, relatives à la diversité infinie des travaux qu'il y a à exécuter dans la société, on serait obligé de rendre ces travaux généralement uniformes. Voilà ce qui est aussi impossible que l'uniformité des personnes.

Pour que l'éducation et la position de fortune soient égales chez les hommes, il serait indispensable que la diversité des professions fût comme une variété de fleurs où le goût seul détermine le choix, sans qu'aucune de ces fleurs soit jamais oubliée.

Mais il n'en est pas ainsi. Les professions, dans leur diversité, présentent des différences aussi grandes qu'il y en a entre les ronces et les roses.

Ne serait-ce pas absurde de développer, par une éducation semblable, la même sensibilité chez deux hommes, dont l'un se verrait obligé de vivre au milieu des épines du travail, tandis que l'autre exercerait une profession pleine d'agrément ?

Fourier avait bien prévu l'inconvénient qui résulterait de l'encombrement des ouvriers dans certaines professions et de leur désertion dans certaines autres. Aussi, pour remédier à cela, il proposa d'élever le salaire des travaux désertés, afin d'y attirer le superflu des bras qui encombreraient les professions attrayantes.

Ce système, qui paraît d'abord ingénieux, provoque un autre inconvénient inévitable : l'amour invincible de la richesse, reconnu par les fouriéristes, mettrait l'intérêt en contradiction avec le progrès de l'esprit ; car on verrait les travaux manuels, sales et fatigants, être beaucoup mieux rétribués que les travaux d'arts et de science. De sorte que les pieds de la société porteraient la couronne de la considération qui s'attache à la fortune, tandis que la tête n'obtiendrait pas la plus petite marque d'attention.

Conséquemment, plus un homme se rendrait brut, et acquerrait l'utilité d'un âne ou d'un bœuf, plus il serait estimé.

Pour trancher cette grande difficulté, les socialistes n'ont pas d'autres moyens que de reconnaître à l'Etat le droit arbitraire de déterminer lui-même les professions qu'il jugera utile de donner à chaque citoyen, auquel il sera expressément interdit de se plaindre de ce qu'on lui destine ; autrement on n'en finirait pas avec les récriminations qui viendraient de toutes parts.

Nous avions donc raison de dire, en commençant cet article, que l'Etat deviendrait un despote absolu.

M. Louis Blanc, voulant échapper à l'accusation publique qui lui reprochait de vouloir établir le despotisme social, modifia plus tard ses opinions, et proposa que le gouvernement se fît seulement le banquier des associations.

Or, il s'agit de savoir si le gouvernement doit prêter avec ou sans garantie.

Dans le premier cas, ceux qui seraient insolvables ne pourraient jouir des avantages de la Banque. D'un autre côté, le prêt avec garantie suppose la négation du droit au travail.

Dans le deuxième, l'Etat s'exposerait à perdre ses fonds, et comme il n'est que le trésorier des deniers publics, il en résulterait qu'une partie de la société serait forcée de solder périodiquement la mauvaise conduite de certains emprunteurs.

Ainsi, le prêt avec garantie exclut le droit au travail, et la reconnaissance de ce droit, tout en rendant superflu le prêt, entraîne fatalement le despotisme de l'Etat.

Et d'ailleurs, en admettant qu'on ne prête qu'à ceux qui offrent des garanties, il arriverait un temps où les associations se développeraient à un tel point qu'elles absorberaient toutes les propriétés et industries privées ; de manière qu'elles deviendraient l'Etat, et tomberaient indubitablement dans les conséquences que nous venons de signaler.

Examinons maintenant l'égalité des salaires.

Voici ce que nous écrivions dans notre réfutation du communisme.

L'égalité matérielle est-elle juste ? L'égalité morale est injuste.

Ou l'égalité morale est-elle équitable ? l'égalité matérielle est inique. La justice n'a pas deux mesures différentes, elle est aussi invariable pour l'esprit que pour le corps.

On voit combien M. Louis Blanc se trompe quand il prétend que les récompenses morales suffiraient pour stimuler le monde ; car, d'après son principe, il est évident qu'elles n'ont plus aucune signification.

CONCLUSION.

Despotisme de l'Etat, esclavage universel du peuple, anéantissement de l'activité humaine, telles sont les conséquences inévitables du système de M. Louis Blanc.

DE LA DOCTRINE DE L'HUMANITÉ.

Dans sa doctrine de l'humanité, M. Pierre Leroux propose, pour base d'une société nouvelle, le précepte suivant :

Aimer son prochain non comme soi-même, mais l'aimer comme étant soi-même, c'est-à-dire comme ne faisant qu'un avec lui.

Jésus, dit-il, a uni l'amour de soi avec l'amour du prochain ; il a eu tort : ce qu'il devait faire, c'était de fondre ces deux amours dans un seul. Car, ajoute M. Pierre Leroux, nous portons l'humanité en nous, et l'humanité nous porte en elle. *Le moi et le non moi, c'est moi*. Tel est, au fond, le principe, le résumé de la doctrine de ce philosophe.

Aussi, pensant que la simple connaissance de cette vérité doit suffire pour porter l'homme à faire le bien envers son semblable, M. Pierre Leroux crut inutile de formuler un système social où la justice dût être le régulateur de nos actions.

Cette absence de système est logique ; car, si en aimant notre prochain et en travaillant pour lui, nous recevons mathématiquement autant de bien qu'en nous aimant et travaillant pour nous, toute institution pour maintenir l'homme dans ses devoirs devient superflue ; alors l'égoïsme prend en apparence un caractère saint, et, sous ce point de vue, il doit être le seul mobile, l'unique règle de notre conduite.

Cette doctrine est, sans nul doute, dictée par un bon sentiment ; mais elle est une espèce de panthéisme humain, où s'efface l'individualité, et où l'amour, manquant de centre particulier, s'éteindrait au milieu de l'indifférence de la masse envers l'individu, comme la flamme séparée de son foyer va se perdre fugitive dans le vide, faute d'éléments réactionnaires.

Avec le principe de l'identité absolue des hommes, le dévouement n'est plus possible, vu qu'étant dans l'humanité, nous ne saurions nous donner à elle sans retour, puisque travailler pour elle, c'est travailler pour nous ; partant, elle serait le prétexte de notre abnégation, tandis que nous en serions réellement le but.

D'ailleurs, comment nous sacrifier sans détruire cette humanité qui est en nous ? Il est évident qu'en nous sacrifiant d'un côté pour lui être utile, nous lui serions fatalement nuisibles de l'autre.

L'identité humaine, prise dans le sens que M. Pierre Leroux lui donne, présente ceci de contradictoire avec l'intention de ce philosophe : il voudrait en tirer un amour réciproque entre l'individu et la masse, détaché de toute attention personnelle, et il n'en ressort qu'un niveau d'égalité absolue, qui vient briser le stimulant du progrès.

En effet, le simple bon sens suffit pour faire comprendre que si je suis l'humanité, j'ai raison, même en vue d'elle, de rechercher tous les moyens possibles de me rendre heureux personnellement. Mais, dira-t-on, si votre bonheur se fait aux dépens de vos semblables, vous les sacrifiez injustement. Je réponds : s'il faut que je les rende heureux à mon préjudice, je les sacrifie également en moi. Ainsi, de quelque manière qu'on raisonne, l'argument retombe toujours en faveur de celui qui travaille dans son intérêt particulier, attendu qu'il se sent plus intimement en lui qu'il ne se sent dans les autres.

Logiquement, cette doctrine ne peut, comme nous l'avons dit, produire qu'un niveau d'égalité absolue, lequel anéantirait les sympathies qui naissent de la libre mutualité des cœurs.

En effet, si chacun est égal en droit et en devoir, l'âme n'a plus de motif pour agir en dehors d'elle-même ; par conséquent, la générosité, la reconnaissance, la gloire, l'admiration, la vertu et l'enthousiasme ne sont plus possibles.

Alors le sentiment humain, comprimé et arrêté dans ses élans d'amour par un ordre de choses immuable comme le fini du niveau, s'éteindrait inévitablement.

Sous l'empire de ce système, les hommes se considéreraient comme les rouages passifs du mécanisme social, ils formeraient tout simplement une agrégation d'individus sans âme et sans volonté, tous également insignifiants.

Pour que nous ne puissions pas échapper à la solidarité absolue qui découle de son principe, M. Pierre Leroux a inventé un système religieux d'après lequel la terre est le seul lieu où l'homme doit éternellement habiter avec les mêmes individus. Selon ce philosophe, toute aspiration vers des mondes invisibles n'est qu'une chimère ; car, en quittant notre planète nous ne pourrions que passer dans une autre qui lui ressemblerait, et serait aussi comme elle un monde réel et sensible.

« Dieu, dit Pierre Leroux, est le soleil de notre esprit, et notre intelligence est l'œil qui reçoit la lumière divine. Mais, de même que l'œil physique ne se confond pas avec l'astre du jour, de même aussi notre esprit reste toujours distinct de Dieu. »

On devine ici l'intention de ce chef d'école ; il cherche à prouver que notre esprit ne se mêle pas avec Dieu, parce qu'il veut nous fermer la porte du ciel, afin de nous ôter le désir de quitter la terre.

Mais la comparaison qu'il établit pour appuyer son raisonnement est complétement fausse.

D'abord, notre esprit ne voit pas Dieu en face, comme notre œil voit le soleil ; la lumière divine qui nous éclaire n'est que le reflet des œuvres de la création, ou une inspiration mystérieuse que nous ne pouvons définir.

Dieu, pour nous, est le centre spirituel, incompréhensible du vrai, du juste et du beau, et c'est précisément à cause de son essence immatérielle, insaisissable, que nous désirons nous débarrasser des entraves de la matière, pour nous élever dans ces orbes de gloire où il habite.

Et d'ailleurs, comme Pierre Leroux l'avoue lui-même, n'y

a-t-il pas communion d'éléments subtils entre les planètes et le soleil ? Et si ce philosophe trouve que l'œil ne se fusionne pas avec la source de lumière, il conviendra au moins que ce n'est que dans la forme ; et que la communion passive, universelle des êtres, est l'analogie de la communion active, céleste de l'homme avec Dieu.

Quoi qu'il en soit, l'auteur de la doctrine de l'humanité ne tient aucun compte de ces vérités ; la terre, toujours la terre, voilà l'exil fatal, étroit, étouffant où l'humanité est reléguée pour jamais.

Voyons maintenant toute l'injustice de ce système religieux.

Les socialistes accusent leurs adversaires, les conservateurs, de résistance opiniâtre, inique, contre le progrès, tandis qu'eux se posent comme ses défenseurs intelligents et dévoués. Or, si les socialistes parvenaient, après de pénibles travaux, à fonder le règne de l'harmonie, on verrait les rétrogrades à leur renaissance, venir, comme les progressistes, recueillir les beaux fruits du nouvel arbre social, qu'ils auraient voulu détruire ! N'est-ce pas là une iniquité flagrante ? Quoi ! le laboureur qui aura fécondé la terre de ses sueurs ne sera pas préféré, à la moisson, au malfaiteur qui aura voulu faire de la campagne un vaste désert ? Ah ! vraiment, il faut avoir une idée bien obscure de la justice du plan du Créateur.

Avec cette métempsycose terrestre, éternelle, où tous les souvenirs s'effacent, où la vertu et le crime s'engloutissent dans un égal oubli, que deviennent ces désirs invincibles de revoir nos amis, nos frères, nos familles ? Et tous ces hommes qui ont fait la gloire et l'honneur de l'humanité, eux que nous voudrions contempler en face, doivent-ils être à jamais perdus dans le tourbillon des générations rendues étrangères par la destruction de toute trace qui rappelle un souvenir des existences passées ? Non, mille fois non, cette doctrine ne peut être vraie, car elle ne diffère en rien de l'athéisme le plus absurde ; c'est un matérialisme déguisé, qui arrête le sublime essor de l'homme vers son auteur.

On aura beau dire, pour nous rendre meilleurs, que nous portons l'humanité en nous et qu'elle nous porte en elle, cette proposition ne détruit pas les antagonismes nécessaires au mouvement social, ni les conditions de souffrances attachées à la vie.

L'homme cherchera donc toujours une position qui lui donne l'avantage dans la lutte humaine, et qui le garantisse le plus possible contre les douleurs dont chacun est menacé.

Vous affirmez qu'avec la croyance à la solidarité absolue, l'homme sera constamment porté à faire le bien, par la pensée qu'il le retrouvera en renaissant dans l'humanité.

Mais aussi ne pourrait-il pas avoir cette autre pensée : que s'il fait le mal, cela ne l'empêchera pas de jouir du bien que les autres auront produit, et que s'il fait bien, et que les autres fassent mal, il sera forcé de souffrir malgré lui? Or, dans cette incertitude de l'avenir, l'homme ne trouve aucune raison solide pour l'empêcher de commettre l'iniquité.

Pour que la doctrine de l'humanité fût applicable, il faudrait que tous les hommes eussent les mêmes désirs, les mêmes sentiments et fussent tous animés de la même pensée ; puis, il faudrait encore que quand quelqu'un s'abandonnerait à une mauvaise action, le mal en rejaillît immédiatement sur lui ; que les douleurs communes, la tristesse et la joie se répandissent également sur chacun, afin que tous fussent forcés d'agir d'après une loi unique.

Mais il n'en est pas ainsi ; car, si cela était, on verrait bientôt la société tomber dans l'inertie, comme ces corps pesants qu'aucun antagonisme ne fait plus mouvoir.

D'après l'anatomie et la pyschologie, toute faculté matérielle et morale indique une fonction, une destinée, et toute destinée a un objet, un but.

Les conditions nécessaires d'existence imposent à chacun une tâche à remplir. La conscience, la liberté, la volonté, démontrent que nous avons l'initiative et la responsabilité de cette tâche. Or, la responsabilité entraîne nécessairement le mérite et le démérite, auxquels se trouvent attachés la récompense et le châtiment.

De ces principes découle naturellement le sentiment de la justice, et, à son tour, ce sentiment, et l'aspiration vers des régions célestes, sont la preuve invincible que les hommes ne sont pas d'une identité et d'une responsabilité absolues, et enfin que la terre n'est pas le seul lieu où nous devions toujours habiter.

Car, comment la nature nous donnerait-elle une aspiration qu'elle ne pourrait jamais satisfaire, et nous ferait-elle aimer la justice, alors qu'une fatale solidarité la rendrait éternellement impossible ?

Qu'on le sache bien, nos besoins communs et nos manifestations différentes font assez voir que l'homme est un et divers, homogène et hétérogène ; et quoique nous sortions tous d'une même origine, néanmoins nous suivons une route opposée.

Aussi toutes les traditions renferment-elles l'idée de la société des bons, et de celle des méchants, n'ayant rien de commun entre eux.

La solidarité humaine, considérée au point de vue de notre homogénéité, est relative à la mutualité de nos devoirs ; mais celui qui a rempli sa tâche doit-il souffrir des désordres qui viennent de la mauvaise volonté de son semblable ? Il serait inique que l'innocent fût condamné à vivre toujours sur une terre où les malédictions ont été amoncelées par le crime.

Nous voici arrivé à la question la plus grave de notre critique.

Nous demandons à M. Pierre Leroux s'il croit, comme les matérialistes, que l'âme est le résultat de notre organisation physique ? Si sa réponse est affirmative, il sera forcé d'avouer qu'il s'est trompé énormément, en déclarant que les générations actuelles sont solidaires des générations futures ; car, suivant le matérialisme, quand nous mourons, nous ressemblons à une lampe usée, dont la lumière s'éteint pour jamais.

Par conséquent, avec cette croyance, nous pouvons dire comme Louis XV : « Que nous importe l'avenir ? buvons et mangeons, après nous la fin du monde. »

Au contraire, l'âme est-elle un principe unique, indivisible, immortel ? nous demandons où va ce principe quand il est séparé de ses organes ? On ne peut affirmer qu'il passe immédiatement dans un nouveau corps pour recommencer une existence pareille à celle qu'il vient de quitter, puisque, selon l'ordre de la progression de notre espèce, il y a aujourd'hui beaucoup plus d'habitants sur la terre qu'il n'y en avait il y a six mille ans. — Où étaient alors les âmes qui peuplent actuellement notre globe ?

Tranchons cette question par ce dilemme :

Ou il y a création progressive, illimitée, des âmes, et alors elles naissent et vivent sur la terre qu'elles quittent successivement pour aller habiter dans un autre monde ; ou elles existaient de toute éternité, et, dans ce cas, avant que notre planète fût peuplée, elles vivaient dans des régions invisibles ; ceci est sans réplique.

CONCLUSION.

Nous avons vu au commencement de cet article que M. Pierre Leroux voudrait que le monde se gouvernât par la loi d'amour, quoiqu'au fond de sa doctrine c'est plutôt la loi de contrainte qui agit.

Cependant, supposant qu'on veuille, dès à présent, faire l'application de cette prétendue loi d'amour, qu'arriverait-il ? Le voici :

L'homme, étant libre de se conduire selon la mesure d'amour qu'il aurait pour ses semblables, ne serait matériellement gêné en rien dans tous ses désirs ; mais, avec sa faiblesse morale actuelle, comme il ne rencontrerait plus aucun frein réel et religieux, on verrait ses passions le précipiter dans toutes sortes d'excès, et plonger la société dans une funeste anarchie. C'est alors que la nécessité d'établir des institutions préventives et répressives se ferait sentir, et nous conduirait à un despotisme absolu, si on voulait éviter un entraînement social vers la barbarie.

Anarchie, despotisme ou barbarie, voilà tout ce que peut enfanter la prétendue doctrine de l'humanité.

Et ce n'est pas là une pure hypothèse, car M. Pierre Leroux, lui-même, fait pressentir ce que nous avançons ici. Dans une définition psychologique, il dit : que l'homme est un animal transformé par la raison. Ce qui revient à dire, dans le sens de dégénérescence : l'animal est un homme transformé par la passion.

Si cette opinion est vraie, le monde tend, par deux lois contraires, soit à se spiritualiser, soit à se matérialiser, selon le milieu social où il se développe.

Après cela, peut-on encore douter que l'homme prenne la plus mauvaise route, quand on lui présente, pour toute science de la vie : une religion sans Dieu, un amour sans principe, une égalité injuste, une solidarité oppressive, et surtout quand on ne lui montre pour fin dernière, qu'une existence sensuelle, corruptible, d'autant plus dégradante qu'elle n'est relevée en rien par les nobles instincts de la spiritualité?

Non, la perdition n'est pas douteuse, avec des principes aussi contraires à la saine raison.

DE L'ORDRE MORAL DANS LE SOCIALISME.

« Jésus disait à ses disciples : Cherchez premièrement le royaume de Dieu et sa justice, et tout ce dont vous avez besoin vous sera donné par surcroît. »

Le socialisme, s'affichant le continuateur du christianisme, renverse ainsi cette proposition : Quand les hommes auront tout ce dont ils ont besoin, ils seront naturellement justes et bons.

Le Christ faisait découler le bien des bonnes qualités de l'âme; les socialistes, au contraire, font dériver le bien de tous nos vices. Cela n'est pas douteux; puisque, comme nous venons de le voir, l'homme ne sera moral que quand il sera généralement satisfait.

Le socialisme a tellement la manie de retourner tout sens dessus dessous, qu'il n'y aurait rien d'étonnant de lui voir soutenir que la terre a créé le ciel.

Pour faire triompher votre opinion, vous objectez, citoyens socialistes, que l'homme est matériel avant d'être moral. D'accord ; mais au moins convenez que l'homme n'a pas été fait moral pour rien.

Comme nous l'avons déjà dit : l'intelligence et la volonté nous ont été données pour remplir une mission active ici-bas. Aussi, personne n'oserait soutenir que les biens terrestres se produisent exclusivement d'eux-mêmes. Conséquemment , la plus forte partie de ces biens n'existerait pas sans notre initiative, et cela démontre que, par inversion à notre origine, c'est le moral qui précède la réalité.

En soutenant que l'ordre moral doit sortir de l'ordre matériel, vous le niez formellement. D'abord, il ne pourrait exister comme moyen, puisqu'il est un résultat ; ni comme but ; à quoi servirait-il à une société qui regarde la matière comme le principe et la fin de l'homme ?

D'ailleurs, si vous croyez que l'être moral est le résultat absolu de la matière, toutes vos déclamations contre vos adversaires sont injustes ; adressez-vous à la cause du mal, et non à ses effets.

Comment parler de réformer la société, quand vous affirmez que votre Dieu est une aveugle fatalité physique ? Cependant, si vous pensez rendre l'homme meilleur avec vos institutions nouvelles, il vous est donc possible de former le moule de vos qualités, et d'être par ce moyen l'ouvrage de vos propres mains, les fils de vos œuvres ? Et s'il peut en être ainsi, avouez donc que vous êtes les arbitres de votre avenir, le principe moral précédant la réalisation du bien ou du mal.

Le socialisme présente ceci de contradictoire en lui-même. Lorsqu'il veut faire triompher le principe d'égalité, il nie complétement le mérite, et prétend que l'homme, quel qu'il soit, est le fait absolu des influences naturelles et sociales qui agissent sur lui. De là il conclut que personne n'a aucune qualité par lui-même, et ne peut sans injustice être préféré dans la distribution des biens de la vie.

Mais quand on lui objecte que les hommes pourraient bien, sous son régime, se livrer à des excès, vite changeant de thèse, il se récrie énergiquement contre cette objection, et affirme que la raison sera toujours assez puissante pour régler l'homme et le rendre digne dans tous ses actes.

Ainsi, en dernier lieu, il est forcé de convenir qu'il y a en nous un principe actif par lequel nous pouvons subordonner nos passions et perfectionner nos qualités natives. Par conséquent, chacun a donc plus ou moins de mérite, suivant sa bonne volonté ; de là la nécessité d'établir un ordre moral pour développer et guider ce principe actif de l'humanité.

Qu'on le sache bien, les passions humaines ont besoin d'être contenues de deux manières, selon les temps où nous vivons : soit par un frein matériel qui impose à l'homme, vivant dans une époque d'ignorance, une sagesse passive, soit par un frein moral, dont la lumière fasse briller la justice divine et humaine et détermine une sagesse active.

C'est ainsi que le voleur est retenu la nuit par des grilles de fer faisant obstacle à ses mauvaises actions, et le jour, quand ces grilles sont ouvertes, il se trouve arrêté par la crainte d'être vu.

Vous qui faites appel aux passions, lorsque vous n'avez rien préparé pour les réprimer, croyez-vous qu'il sera temps, à l'heure où, brisant la digue qui les contient, elles déborderont comme un torrent dévastateur dans la société ; croyez-vous enfin que vous pourrez arrêter leurs ravages, alors que votre imprévoyance vous aura rendus aussi impuissants au moral qu'au matériel ?

Non, vous ne pouvez voir de sécurité contre les dangers que vous amoncelez dans l'avenir, à moins que vous n'ayez perdu le sens commun.

Chose singulière, les socialistes reprochent aux riches d'être avides de richesses, insatiables de jouissances, et cependant ils ont confiance que l'ouvrier affranchi se contentera toujours d'une modeste position, comme si les passions du travailleur étaient différentes de celles du capitaliste.

A entendre les chefs d'écoles, le socialisme doit réaliser la fraternité la plus pure, la paix universelle la plus parfaite.

Mais comment concevoir la réalisation de ces deux principes, si l'ordre moral ne doit venir qu'après que tout le monde sera gorgé de nourriture ? Évidemment cette fraternité sera celle des pourceaux, et cette paix le sommeil d'un animal repu.

Vous dites : l'homme est naturellement bon quand il est satisfait. Alors expliquez-nous d'où viennent les vertus que vous admirez chez le pauvre prolétaire, et les vices que vous flétrissez chez le riche ?

Nous convenons avec vous que l'homme possède originairement une bonté naturelle ; mais très-souvent il la perd, parce que la satisfaction que vous rêvez est attachée à des conditions de travail pénible, inévitable pour la masse de la société. Et c'est pour jouir sans supporter le poids de ce travail que beaucoup d'individus se rendent méchants.

Voulez-vous que tout le monde soit dans l'abondance ? Alors commandez à la terre qu'elle produise d'elle-même ses fruits en grande quantité ; et surtout faites que chacun soit assez sage pour ne pas en abuser.

La nécessité de l'ordre moral se fait sentir en raison de ce que l'ordre matériel est indéfini. Et comme, à son tour, l'ordre moral seul est impuissant à réaliser l'harmonie humaine, il est forcé de s'appuyer sur l'ordre religieux et d'y avoir ses racines, de manière que ces trois ordres forment ensemble une trinité indivisible.

Cette trinité répond directement à notre triple nature : l'homme étant passionné a besoin d'une volonté pour se contenir, et la volonté est obligée d'avoir recours à la raison pour s'éclairer et se soutenir dans son action.

Ah ! je vous vois rire à l'idée d'une religion ; les longues déclamations de la philosophie contre les dogmes religieux, les excès d'aucuns ministres chrétiens, ont causé une telle répulsion à la pensée de Dieu, que la masse ne veut plus en entendre parler.

Cependant que disent les athées du caractère des prêtres ? qu'ils sont des menteurs et des hypocrites, c'est-à-dire qu'ils sont comme vous des incrédules. Si donc ils sont tels, la religion, que vous considérez comme la source de toute sorte de calamités, n'en est réellement que le prétexte, tandis que le matérialisme que vous professez est, selon vous, chez les prêtres la cause efficiente du mal.

Il résulte de ceci :

Que vous ne pouvez, un seul instant, accuser les ministres d'hypocrisie, sans montrer le néant de votre doctrine d'athée et sans la livrer au mépris public, et, par ce fait, démontrer toute la nécessité d'une religion qui soit bien enracinée dans les esprits.

La religion, voilà la base essentielle, solide, de toute société. Elle est l'âme du monde, le principe vivifiant de tout ce qu'il y a de grand et de généreux dans l'homme.

Pour terminer cet article, nous vous adressons ce conseil : Voulez-vous sincèrement régénérer l'humanité ? Cherchez en Dieu le modèle de l'homme ; imitez l'apôtre du christianisme, faites descendre du ciel la nouvelle Jérusalem, et n'allez pas la chercher dans les entrailles de la terre ; car, en faisant ceci, vous ne mettriez au monde qu'un cadavre qui tomberait en poussière le jour de sa naissance.

DU FOURIÉRISME.

Fourier, rêvant le bonheur universel de l'homme et croyant que la richesse seule pouvait réaliser son rêve, imagina un système d'organisation sociale où se trouvent associés les sciences, les arts, l'industrie et l'agriculture, qui, par leur union et leur solidarité, concourent ensemble à augmenter indéfiniment la fortune publique.

C'est dans un phalanstère, espèce de ruche humaine, que viennent se combiner toutes les forces et toutes les facultés de la société.

Et ces forces et ces facultés, convergeant vers un centre commun, constituent une puissance créatrice prodigieuse, pendant que d'un autre côté l'unité du système, simplifiant les canaux distributifs de la production et réduisant les complications des besoins domestiques, réalise une immense économie.

Certes, si l'on ne fait qu'envisager l'extérieur de cet idéal, on est bientôt séduit par l'apparence de la félicité qu'il promet.

Les phalanstériens n'ayant pas pénétré tout ce que cette doctrine renferme en elle-même de défectueux, prétendent qu'elle répond universellement à toutes les attractions humaines.

Voyons jusqu'à quel point est fondée cette prétention.

Tout le monde sait que le mobile de l'activité de l'ouvrier, et surtout des gens de campagne, est le désir d'amasser une propriété individuelle, si petite qu'elle soit; arriver à la possession d'une maison ou d'un champ est le rêve incessant des habitants de la campagne.

S'ils désirent de la fortune, ce n'est pas tant pour user des plaisirs qu'elle procure que pour avoir un domaine privé.

La propriété particulière est une sorte de placenta où se développe l'individualité humaine.

L'homme vivant retiré dans son champ pour se soustraire aux importunités étrangères et jouir de son indépendance personnelle, est l'image de l'individu descendant dans l'intimité de lui-même pour se posséder sans partage.

Ces deux droits de possession privée, extérieure et intérieure, matérielle et morale, sont inhérents à notre nature.

Sans doute, nous aimons la propriété indivise, générale, comme on aime la vie commune et publique. Mais la propriété universelle et la propriété particulière ne doivent pas plus s'absorber réciproquement que ne doivent s'absorber de la même manière la masse et l'individu ; il est utile que ces deux principes s'équilibrent l'un par l'autre et prédominent successivement selon le développement moral de la société.

Or, d'après le système de Fourier , l'association phalanstérienne absorberait universellement la propriété morcelée, à tel point que la société ou l'État deviendraient un jour le propriétaire unique du sol, tandis que les individus n'en seraient que les actionnaires ou les locataires. Ici déjà nous voyons le sentiment de propriété brisé par la théorie qui a la prétention de répondre à toutes les attractions de notre espèce.

Passons à un autre principe.

Personne n'ignore que la base primordiale de la société est l'amour paternel ou le sentiment de famille. C'est dans la famille que les tribus ont pris naissance, et c'est des tribus que sont sorties les nations, lesquelles ont formé la société entière.

Fourier, ne tenant aucun compte du sentiment de paternité, regarde l'inconstance en amour comme le plus puissant attrait du plaisir. D'après lui, les joies intérieures et durables du foyer domestique doivent être sacrifiées à la papillonne amoureuse.

Comment, en effet, un père s'attacherait-il à des enfants qui pourraient être le fruit de vingt amours différents ? Evidemment le sentiment de paternité est tout à fait incompatible avec l'inconstance en amour.

Voilà encore une fois la théorie des attractions en défaut.

Ce n'est pas tout : Fourier, ne voulant plus de famille, imagine un établissement, espèce de crèche sociétaire, où seront déposés les enfants au sortir du sein de leur mère, et élevés à la charge exclusive du phalanstère.

Là, ces petites créatures, confiées à des mains étrangères, ne recevront plus les premières caresses qui font vibrer dans l'enfance les premiers instincts de l'amour. D'un autre côté, le sentiment de fraternité primitive, qui se développe au sein de la famille, sous l'influence des affections maternelles, sera étouffé au berceau.

Et l'enfant, grandissant dans les conditions d'une éducation purement machinale, n'aura aucune raison pour s'attacher ni aux hommes, ni aux choses qui l'auront vu naître ; il sera sur la terre comme un cosmopolite, étranger à tout ce qui l'environne.

Ainsi, sentiments de propriété, de paternité, de fidélité conjugale, de famille, de filialité et de fraternité, sont sacrifiés à l'unique désir de se repaître de plaisirs sensuels. Comment, après ce froissement du cœur, les phalanstériens ont-ils encore la prétention de croire que leur théorie est un chef-d'œuvre permettant à l'homme d'épanouir sa triple nature! En vérité, il faut que leur aveuglement soit bien profond pour ne pas s'apercevoir de pareilles erreurs.

Maintenant, si l'on jette un coup d'œil sur le système passionnel, on ne sera pas moins étonné des contradictions qui s'y rencontrent, et surtout des conséquences dangereuses qu'on aurait à redouter de son application.

Voici les principales propositions qui servent de base à ce système :

« Dieu étant bon, ses œuvres ne peuvent être mauvaises ; donc il ne nous a pas donné des passions pour notre tourment. Si elles ont causé le mal, c'est que leur harmonie a été rompue, c'est qu'elles ont été détournées de leur véritable but, qui est le bonheur.

« Dieu étant la souveraine sagesse, il serait déraisonnable de croire que la création est sortie imparfaite et vicieuse de ses mains ; donc l'homme est créé avec nombre, poids et mesure ; par conséquent, le plan de la création étant géométrique, les capacités sont proportionnées aux attractions, et les attractions aux destinées. De là, on peut hardiment conclure que l'attraction est la loi unique des êtres qui peuplent l'univers. »

Première objection. — L'homme, effectivement, a des passions, mais il a aussi une volonté et une raison. La passion poursuit le plaisir, la volonté la vertu, la raison les lumières de la sagesse.

Devons-nous obéir au seul mouvement de la passion? alors la volonté et la raison deviennent inutiles et surperflues.

La raison et la volonté sont-elles faites pour servir la passion?

dans ce cas, l'être moral se rend passif de l'être animal, et celui-ci, suivant son instinct égoïste, ne s'éclairera que pour devenir menteur, astucieux et meurtrier.

Sachez donc que la passion fut donnée à l'homme, non comme fin de sa nature, mais bien pour faire éclater la grandeur de la vie spirituelle dans sa lutte triomphante contre toutes les puissances de la volupté.

Deuxième objection. — Vous savez que le nombre, le poids et la mesure, sont des points mathématiques, fixes et immuables. Comment, lorsque vous reconnaissez des proportions si exactes dans l'homme, pourrez-vous expliquer la loi du progrès ?

La proportion, c'est le fini ; le progrès, c'est l'infini. Si donc votre système est fini, comme vous y subordonnez l'être moral, vous fermez la porte du progrès, vous tuez l'intelligence. Si votre système est infini, vous n'êtes pas certain qu'il soit vrai et applicable, et déjà nous vous avons donné la preuve rationnelle qu'il contredit les plus nobles inspirations de l'homme. De manière qu'il est très-possible que ce que vous voulez faire adopter à la société sera précisément ce qu'elle rejettera, tant votre science est incomplète.

Troisième objection. — Si les capacités étaient proportionnées aux attractions, en ce sens que l'homme pût avoir facilement tout ce qu'il désire, il n'aurait pas de motif pour se rendre habile et intelligent, il ne progresserait plus.

Voyez les animaux dont les instincts sont proportionnés à leurs besoins, ils restent fixes et invariables dans le cercle de leurs facultés.

Le renard d'aujourd'hui, par exemple, n'est pas plus rusé que le renard d'autrefois.

Ce serait donc un mal que les proportions humaines fussent réalisées au point de vue matériel, avant que l'être moral eût acquis toute la puissance dont il a besoin pour agir par son propre mouvement.

Quatrième objection. — Vous affirmez que les destinées sont proportionnées aux facultés et aux attractions ; et vous pensez que la nature a elle-même déterminé ces destinées en créant l'humanité en nombre contingent, de manière qu'il y a dans ce nombre autant de cordonniers, de tailleurs, de menuisiers, etc., qu'on en aura besoin. Erreur comme celles qui précèdent.

Pour faire valoir votre opinion, vous vous appuyez sur le système des animaux, dont les facultés annoncent une fonction, une destinée proportionnelle. Votre comparaison est une vérité solide, mais la conclusion que vous en tirez au sujet de l'homme est complétement fausse.

Il est incontestable que le bœuf a des facultés et des attractions opposées à celles du canard, et que ces deux êtres ont, en raison de leur diversité, chacun une destinée contraire ; mais l'homme n'est pas un animal n'ayant qu'une faculté spéciale, car il est le résumé de la création, le rayon blanc qui contient toutes les nuances de la vie.

Par conséquent, chacun de nous comporte en soi virtuellement autant de facultés et d'attractions qu'il y en a dans l'humanité tout entière.

La différence et la prédominance des goûts, des aptitudes, des caractères, vient de mille et mille circonstances de la vie, et de la liberté qui imprime dans l'homme une variété inépuisable d'originalité, comme le hasard donne aux nuages cette diversité infinie de figures qui récrée notre vue.

L'homme n'a donc pas de destinée spéciale déterminée par la nature, mais très-souvent il est lui-même l'arbitre de la voie qu'il juge à propos de suivre.

Maintenant, remarquez bien ceci : quoique toute attraction indique un objet, cependant cet objet n'est pas toujours, comme vous le croyez, déterminé par la nature d'une manière précise et définie. Par exemple, peu d'hommes et de femmes ont le privilége de s'aimer réciproquement au même degré ; rarement on rencontre un accord parfait entre les sentiments et les passions. L'amour est si contradictoire, qu'il oblige presque continuellement la raison d'être en opposition avec la passion qui n'est pas ou ne peut être partagée.

D'un autre côté, combien d'aspirations de fortune ne peuvent être satisfaites qu'à la condition du travail qui en principe est si pénible que beaucoup d'individus sont obligés de souffrir la privation bien que la terre soit inépuisable de richesse ! Ces contradictions, ces difficultés, ont des raisons rationnelles indiquant que l'homme ne devra arriver à la puissance réalisatrice du bien, la science, qu'au moment où il possédera la puissance conservatrice, la sagesse.

Nous avons dit plus haut que l'homme avait la liberté de choisir sa destinée; néanmoins, cette faculté est limitée par une volonté suprême. En effet, l'humanité étant appelée à manifester la création sous toutes ses faces, si elle était entièrement libre, il est très-possible qu'elle ne suivrait pas le but de cette création. C'est pourquoi on est forcé d'admettre que l'homme, en général, est soumis à une destinée absolue, sans laquelle il ne pourrait jamais se compléter réellement.

Mais, de son point de départ à son but, l'humanité occupe une latitude de pouvoir, par lequel il lui est donné de remplir une mission active, de manière qu'elle peut hâter ou comprimer le progrès, et lui imprimer une marche intelligente ou fatale. Par ces deux actions contraires du bien et du mal, elle arrive forcément ou volontairement à la réalisation de ce que la nature attend de nous.

Qu'on le sache bien, l'être qui posa le principe et la fin de notre monde veut être obéi; il faut à tout prix que ses ordres s'exécutent, et pourtant nous sommes libres.

Voici un exemple qui pourra servir à résoudre plus clairement ce problème.

Quand un directeur de collége désire que son établissement acquière une haute réputation, il propose des prix d'encouragement aux élèves qui arriveront à tel ou tel degré de savoir. Or, quand les jeunes étudiants font leur entrée en classe, ils sont bien libres intérieurement de mettre plus ou moins de bonne volonté à mériter la récompense promise, et, au début des études, aucun d'eux n'est spécialement destiné à recevoir le premier ou le dernier prix. Mais il suffit au maître du collége que ces prix soient remportés, n'importe par qui, car leur distribution méritée, en établissant sa réputation, devient le signe certain de l'élévation de ses élèves.

Cependant, si généralement les élèves refusaient, par une négligence coupable, de s'instruire, alors le directeur serait obligé d'avoir recours à la sévérité de la discipline, afin de réaliser par la contrainte ce qu'il n'aurait pu obtenir par la bonne volonté.

Voilà l'image vraie de la liberté et de la fatalité réalisant dans notre société le but humain et divin.

D'après cet exposé, on peut juger que les destinées ont été tracées par la nature, mais non déterminées pour Pierre plutôt que pour Paul, puisque nous possédons tous virtuellement autant de facultés et d'aspirations les uns que les autres, et que d'ailleurs, avant de naître, personne n'ayant aucun mérite, ne peut être préféré dans la répartition des diverses fonctions humaines.

Il est vrai que la liberté de concourir pour notre bien-être personnel engendra un antagonisme qui permit aux hommes les plus forts de jouir sans peine de tous les avantages sociaux, en forçant les plus faibles à s'astreindre à des nécessités infructueuses pour eux-mêmes. Mais enfin, ces nécessités étaient indispensables à l'accomplissement de l'œuvre de la nature, et quoique la nature soit équitable en principe, il faut, pour le moment, chercher la justice ailleurs que sur la terre.

Cependant, malgré l'état de confusion où nous paraissons être actuellement, il y a dans la création de l'homme un type virtuel d'harmonie, qui marche invinciblement vers sa parfaite réalisation. Arrivé à ce but, de nouvelles facultés se révéleront dans l'homme, et de nouveaux besoins se feront sentir, lesquels l'entraîneront vers un autre idéal.

De cette vérité on peut conclure que la nature a un but effectif qui, joint à un nouvel essor de l'esprit, relie ensemble le fini et l'infini.

Ainsi, destinée absolue déterminée par Dieu, destinée relative subordonnée à l'homme, destinée progressive sollicitée par l'infini ; voilà les trois voies dans lesquelles l'humanité se manifeste tour à tour.

Les fouriéristes affirment que le mal vient de la subversion des destinées. Mais, pour admettre cette hypothèse, il faut supposer que l'homme est maître de rompre l'équilibre de la création : comment alors expliquer la fixité de notre destination ? Et, dans tous les cas, si le monde est renversé et que les méchants comme les bons occupent une destinée inverse à leur nature, le phalanstère, en rétablissant toute chose dans l'ordre naturel, ne fera que changer le rôle de chacun, sans rien changer au mal : voilà tout.

Dans une subversion générale, tout le monde devrait être également criminel, et frappé de la même somme de malheur. Or, c'est ce qui n'est pas dans notre société.

Faudra-t-il en conclure que le méchant, heureux, est dans sa destinée, pendant que le bon, malheureux, n'est pas dans la sienne? Mais alors ce serait nier la puissance, l'universalité de l'attraction qui, selon Fourier, indique à chaque homme sa place marquée par la nature.

Cinquième objection. — Du moment qu'on admet l'existence d'une destinée fixe dans laquelle chacun occupe invariablement un degré de bien-être proportionné à ses forces et à ses besoins ; du moment que des individus sont organisés pour une profession spéciale, et sont placés dans leur case, comme des touches de piano ; du moment enfin que les attractions ont chacune leur objet déterminé par la nature, sans initiative secondaire de l'homme, il est absolument nécessaire que tous les membres de la société soient arrangés comme les pièces d'une horloge, de manière que le premier d'entre nous ne puisse jamais être le dernier, et réciproquement. Par conséquent, la somme de bonheur aspirée par Pierre ne pourrait être aspirée par Paul, pas plus que la vie libre et fugitive de l'hirondelle ne peut être enviée par la taupe.

D'après cet exposé, le système passionnel serait logiquement la vie instinctive de la brute.

Cependant les fouriéristes, peu conséquents avec eux-mêmes, accordent des récompenses au mérite.

Or, n'est-il pas évident que si l'on offre un appât à l'homme pour le stimuler, c'est qu'on reconnaît la nécessité d'établir une lutte, un antagonisme dans la société, où l'on se disputera la plus grosse part de bien? Dès lors, n'est-ce pas nier que l'homme soit satisfait de sa position naturelle, et enfin avouer qu'il n'a pas de destinée fixe?

Ce n'est pas tout : les phalanstériens prétendent que le travail sera tellement bien distribué, et si attrayant, qu'il sera un véritable plaisir ; ils vont jusqu'à dire qu'on aimera à travailler comme on aime la danse, la chasse, le jeu, etc., etc. S'il doit en être ainsi, à quoi bon des récompenses ? Est-ce que l'on paye un homme pour qu'il s'amuse beaucoup ? Il nous semble que du moment que le travail est un bienfait sensible par lui-même, le plus grand plaisir qu'on puisse accorder au travailleur c'est de lui permettre de faire autant d'ouvrage qu'il le voudra, et le châtiment le plus pénible qu'on puisse lui infliger est de lui fermer la porte de l'atelier.

Ainsi, à bien considérer le phalanstère, on voit qu'au fond de ses principes il est réellement l'affirmation du communisme matériel, absolu, l'immobilisme du genre humain.

Arrivant maintenant à la religion du phalanstère, nous verrons qu'elle en est la digne couronne.

On ne conçoit pas, disent les disciples de Fourier, l'existence de l'esprit sans organes matériels.

Or, comme ils sont panthéistes, et qu'ils croient que l'homme a toujours été avec Dieu, et qu'il est Dieu lui-même, il résulte de cette croyance que si l'esprit ne peut exister sans la matière, celle-ci a dû nécessairement le précéder de toute éternité.

D'après cette doctrine, on est donc forcé de conclure que l'univers matériel est créateur, tandis que l'univers spirituel est créature : n'est-ce pas précisément ce qu'ont enseigné de tout temps et enseignent encore les matérialistes ?

Les phalanstériens sont tellement matérialistes eux-mêmes, qu'ils affirment que quand nous quittons cette vie, c'est pour aller la continuer de la même manière dans un autre monde, mais beaucoup plus en grand qu'ici-bas.

Ainsi, dans le ciel comme sur la terre, les nouveaux théologiens ne connaissent que la matière, toujours la matière, rien que la matière : voilà leur temple, leur culte et leur Dieu !

Or, nous demandons si un système qui nie la famille, la liberté morale et la religion de l'âme, peut, en n'ayant que les éléments pourris du matérialisme, se poser comme le régénérateur du monde ?

FIN.

www.ingramcontent.com/pod-product-compliance
Lightning Source LLC
Chambersburg PA
CBHW050014070726
47598CB00014B/1424